Das Hohenloher Witzbiechle

Gerd Ferz

Das Hohenloher Witzbiechle

Mehr wie 200 granatemäßige
Witz und Sprich

Mit Zeichnungen von Björn Locke

Silberburg-Verlag

Stefan Walz (Jahrgang 1978) ist im Main-Tauber-Kreis geboren und aufgewachsen. 1999 beendete er seine Lehre als Verwaltungsfachangestellter bei der Gemeinde Igersheim. Nach dem Jahrtausendwechsel spielte er Theater an diversen Amateurbühnen und war von 2002 bis 2007 als Sänger der Alternative-Metal-Band »Torrance« tätig. Seit 2007 macht er die Kleinkunstbühnen mit seiner Kabarettfigur »Gerd Ferz« unsicher. Stefan Walz lebt in Niederstetten-Adolzhausen (Hohenlohe) und in Schwandorf (Oberpfalz).

1. Auflage 2014

© 2014 by Silberburg-Verlag GmbH,
Schönbuchstraße 48, D-72074 Tübingen.
Alle Rechte vorbehalten.
Gestaltung und Satz: Björn Locke, Nürtingen.
Druck: Gulde-Druck, Tübingen.
Printed in Germany.

ISBN 978-3-8425-1352-5

Besuchen Sie uns im Internet und entdecken Sie die Vielfalt unseres Verlagsprogramms:
www.silberburg.de

Inhalt

Vorwort	6
Landleben Zwischen Rapsfeld, Hof und Wiese	9
Eheleben Gemeinsam sind wir unausstehlich	25
Aufleben Wie man im Hohenlohischen feiert	39
Rumleben Was in Hohenlohe sonst noch passiert	45
Erleben Der Hohenloher unterwegs	69
Ableben Alles hat ein Ende …	77
Kurz und knackich Hurtig und zackich	87

Vorwort

Liebe Leserin, lieber Leser,

mit dem Erwerb dieses Buches bringen Sie zum Ausdruck, dass Sie entweder erstens Hohenloher sind, zweitens sich für Hohenlohe interessieren oder drittens eine neue Fremdsprache lernen wollen. Falls Letzteres auf Sie zutrifft: Probieren Sie's aus! Am Hohenloher Dialekt haben sich schon dutzende Zugereiste die Zähne ausgebissen oder Zungen verknotet.

Aber wer ist denn dieser Hohenloher nun genau? In Urzeiten irgendwo zwischen Schwaben und Franken steckengeblieben, meint man, der Hohenloher wisse nicht genau, wohin er gehört. Wenn man ihn aufgrund der Sprache für einen Schwaben hält, reagiert er beleidigt. Ein fränkisches »R« rollt er allerdings auch nicht. Also, was hat er in seinem Einfallsreichtum gemacht? Einen eigenen Landstrich erfunden und die Sprache gleich mit dazu. Und als ob das nicht schon genug wäre, hat er die Schlitzohrigkeit auch noch salonfähig gemacht. Und zu guter Letzt noch seinen mit allen Wassern gewaschenen Humor. Davon hat der Hohenloher ganz viel, nur merkt man es ihm nicht gleich an. Auch wenn er auf den ersten Blick etwas wortkarg und zögerlich erscheint, hat doch auch die Heiterkeit einen Platz in seinem Herzen.

Als Autor und Witzesammler dieses Werkes habe ich weder Kosten noch Mühen gescheut, viele

Vorwort

Kaffeekränzchen und Stammtische zu besuchen, um dem Hohenloher seine Witze in dem ihm eigenen Dialekt zu entlocken. Und da der Hohenloher zuweilen etwas maulfaul sein kann, wird man bei so einem Stammtisch schnell zum Alkoholiker, bis ein paar Zeilen über die Hohenloher Lippen kommen. Doch wenn dieser einmal auftaut, gibt es kein Halten mehr. Der Witzesammler zückt dann Stift und Papier und macht sich eifrig an die Arbeit. Und so finden sich schließlich in diesem Buch Witze und Sprüche, über die der Hohenloher herzlich lachen kann. Witze, die in Hohenlohe entstanden sind, und solche, die der Hohenloher irgendwo einmal aufgeschnappt hat. Und wenn am Ende der letzte Lacher verklungen ist und sich das Zwerchfell wieder beruhigt hat, wird eines auch deutlich: Über sich selbst kann der Hohenloher ebenfalls lachen, aber lieber über andere.

Zum Gebrauch des Buches: Falls Sie irgendwann einmal das ganze Buch auswendig aufsagen können oder Sie der Meinung sind, Sie haben für den Rest Ihres Lebens genug gelacht, warten noch zahlreiche andere Verwendungsmöglichkeiten des Buches auf Sie. Vielleicht haben Sie ja einen wackeligen Tisch, vielleicht muss auch der Schwedenofen angeheizt werden!? Oder Sie verschenken das Werk an griesgrämige Zeitgenossen, die mit Humor nicht viel am Hut haben. So können Sie das Buch auch bei Ihrem Nachbarn im

Vorwort

Keller deponieren. Schließlich soll es Leute geben, die zum Lachen die tiefste Etage des Hauses aufsuchen. Dann ist es gut, wenn man dieses Buch vorfindet. Wenn dann aus Nachbars Keller schallendes Gelächter nach draußen dringt, wissen Sie, dass Sie alles richtig gemacht haben.

Viel Spaß bei der Lektüre wünscht Ihnen
Stefan Walz – Gerd Ferz

Landleben
Zwischen Rapsfeld, Hof und Wiese

Landleben

Ein Bauer und sein Knecht helfen nachts der Kuh beim Kalben, doch es klappt nicht so recht. Da kommt dem Bauern eine Idee und er sagt zum Knecht: »Ich geh jetz in die Bulldog-Garasch und besorch uns än Strick.« Dann schaut er den Knecht und die Kuh abwechselnd an und fügt hinzu: »Und du gehsch hinter der Kuh weg. Wenn die sonscht hinterguckt, denkt die, sie hat scho kalbt!«

Auf einem Aussiedlerhof. Der Knecht läuft rotzfrech an der Bäuerin vorbei und sagt: »Ich geh mol gschwind in de Puff!«

»Ha, dir helf i!«, sagt die Bäuerin. »Du Saukribbel bleibsch schee do und schaffsch ebbes!«

Da sagt der Knecht: »Aber däyn Mou hat grod ougrufe. Er hat säyn Geldbeitel vergesse!«

Ein streitsüchtiges Ehepaar aus Stuttgart macht Urlaub auf einem Bauernhof im Jagsttal. Bei einem Spaziergang beobachten sie, wie der Gockel gerade eine Henne besteigt. Da fragt die Dame den Bauern: »Saged Se mal, wie oft macht denn der Gockel des?«

Da sagt der Bauer: »Naja, sou fünf Mol am Dooch päckt der des scho.«

Landleben

Da sieht die Dame ihren Gatten schnippisch an und meint: »Na, da gucksch?!«

Da meint der Gatte zum Bauern: »Ja, immer diesselb Henna?«

Da sagt der Bauer: »No, immer ä anneri!«

Daraufhin der Gatte schnippisch zur Frau: »Na, da gucksch?!«

Der 18-jährige Gerd geht mies gelaunt in den Jugendclub. Seine Freunde löchern ihn: »Na, wie wor die Führerscheinprüfung?«

Gerd antwortet: »Der bleede Prüfer. Ich hätt faschd bestande ... wenn ich net den Geischderfahrer überholt hätt!«

Klein-Hannes geht mit seiner Oma in die Kirche. Nachdem die Oma ihm alles gezeigt hat, treffen sie auf den Pfarrer Meier, der hinter dem Vorhang eines Beichtstuhls kurz hervorschaut. Die Großmutter geht zu ihm und sie unterhalten sich kurz. Als sie gehen will, verabschiedet sich der Pfarrer: »Auf Wiedersehen, Hannes.«

Die Oma zu Hannes: »Komm, sooch auf Wiedersehen!«

»Auf Wiedersehen, Kasperle!«

Landleben

Der Vater zu seinem Sohn: »Hasch du die Fenschterscheibe hie gmacht?«
Der Sohn druckst eine Weile herum und sagt dann: »Ja, des is dumm zugange. Ich wor grod dobei, mäy Steinschleuder zu butze, do hat sich uff omohl 'n Schuss glöst!«

Zwei Bauern aus Ailringen unterhalten sich. Der eine klagt sein Leid: »Ich hob ä ganz garschtiche Kuh! Die dappt nach mir beim Melke, beißt noch, wenn ich sie oulang, und beim Bulle steht sie immer middem Arsch am Zaun.«
Fragt der andere: »Ha du, kummt die Kuh aus Ingelfinge?«
»Genau, woher waasch des?«
»Ha, mäy Fraa kummt ah aus Ingelfinge ...«

Ein Neureicher aus Schwäbisch Hall fährt mit seinem Motorrad im Jagsttal spazieren. Plötzlich kommt ein Huhn unter seine Räder. Er geht mit dem überfahrenen Huhn zum nächsten Bauernhof. »Ist das Ihr Huhn?«, fragt er den Bauern und hält ihm das platte Tier vor die Nase.
Der Bauer schüttelt jedoch nur den Kopf: »No ... sou flache Hühner hebbe mir net ...!«

Landleben

Dorfdepp Diddi kauft sich eine neue Motorsäge. Der Verkäufer prahlt: »Damit können Sie mindestens 30 Bäume in einer Stunde fällen.«

Diddi geht mit der Säge in den Wald. Aber es klappt nicht. So sehr er sich auch bemüht, er schafft nur einen Baum am Tag. Unzufrieden geht er zurück in den Laden und will die Motorsäge umtauschen.

Der Verkäufer nimmt die Säge in die Hand, prüft sie und meint: »Also, das verstehe ich nicht! Sprit ist drin, Zündkerzen sind okay, also dann wollen wir mal.« Er wirft die Säge an.
Darauf Diddi: »Wos issen des für 'n Krach?«

Der Außendienstler der Bausparkasse kommt auf den Hof und fragt die Bäuerin: »Gnädiche Fraa, wo kann ich Ihrn Mou finde?«

Sagt die Bäuerin: »Im Saistall, den erkenne Se an de greene Kappe!«

Zwei Landfrauen auf dem Ausflug unterhalten sich: »Mäyn Mou schenkt mir zum Geborzdooch ä hällisches Schwein.«

Sagt die andere: »Des sieht ihm ähnlich!«
»Wiesou, hasch du's scho gsehe?«

Landleben

Gerd und Mampfred arbeiten im Garten. Auf einmal schreit Mampfred auf: »Aua!«
»Wos issen los?«, fragt Gerd.
»Mi hat grod ä Weschbe in die Hand gstoche. Vielleicht wor's ah ä Bremse!« »Ja, wahrschäynlich ä Handbremse!«

»Liebscht du mi ah richtich?«, fragt das schüchterne Mädel ihren neuen Freund.
»Klar«, antwortet dieser, »ich hob doch heit 'n ganze Obend bloß mit dir danzt!«
»Awwer des is doch konn Beweis?!«
»Hasch du di scho mol danze sehe?«

Kurz vor Weihnachten 1895 im Kochertal. Es klopft an der Tür des Försterhauses. Als die Försterin öffnet, steht eine arme, zerlumpte Frau mit einem Kind auf dem Arm im Schnee und bittet: »Gute Fraa, mir sinn sou arm und könne uns kaum ernähre. Bitte nemme Sie uns des Kind ab!«
»Mäynzweech, awwer bloß, weil Wäyhnachte is«, sagt die Försterin und behält das Kind.
Im Winter des nächsten Jahres klopft es wieder an der Tür des Försterhauses. Wieder steht die arme Frau in ihren Lumpen da, und wieder hat sie

Landleben

ein Baby auf dem Arm. »Bitte, könne Sie mir mäy Kind abnehme!«, fleht sie. Die Försterin hat ein Einsehen und nimmt auch dieses Kind.

Ein Jahr darauf klopft es wieder an der Tür. Abermals steht die arme Frau in ihren Lumpen da mit einem Kind auf dem Arm und bettelt: »Bitte, wolle Sie net ah noch des Kind nemme?«

»Nein«, sagt da die Försterin, »dies Johr geit's wieder mol ä Gans zu Wäyhnachte.«

Am Stammtisch erzählt Jürgen: »Leit, geschtern hob ich mir ä Brille kaaft, wo alli nackig aussehe, wenn mer durchguckt. Bin ich glei hommgange, wor mäy Fraa mit unserm Nachbar nackig uffem Sofa gsesse. Hob ich die Brille runter, wore's immer noch nackig!«

Da sagt der Nebensitzer: »Jaja, des Klump. Ersch kaaft und scho hie!«

Ein armer, alter Bettler in Lumpen läutet an der Haustür der Familie Meder. Als Frau Meder aufmacht, sagt der Alte: »Gute Fraa, ich hob seit drei Dooch nix mehr gegesse!«

Da sagt Frau Meder: »Ha, dann überwinde Sie sich hald ämohl!«

Landleben

Hannes geht mit seiner neuen Freundin entlang der Weide spazieren. Da sehen sie zufällig, wie gerade ein Bulle eine Kuh besteigt. Da sagt Hannes seufzend zu seiner Freundin: »Ou, do hätt ich jetzt ah Bock druff.«

Darauf die Freundin: »Ha, mach halt, des sinn doch eure Küh!«

Sagt Johannes zu seinem Kumpel: »Stell dir vor: Ich kumm am Sunndichmorche in die Küch, do seh ich 75 Kilo Gammelfleisch!«

Sagt der Freund: »Ach du lieber Gott, woher denn des?«

Darauf Johannes: »Sie is direkt von de Kerch hommkumme, hat's gsocht!«

Ein Bauer aus dem Kochertal erhält ungebetenen Besuch von der Polizei. Der Polizist: »Wir haben einen Tipp bekommen, dass Sie illegale Pflanzen züchten und werden nun Ihren Bauernhof durchsuchen.«

Der Bauer, der nichts zu verheimlichen hat, sagt ganz ruhig: »Von mir aus. Außer des Feld links nebe dem Stall, do geht mir konner nou! Des is zu gfährlich.«

Landleben

Der Polizist mault los: »Ich hab hier einen Durchsuchungsbefehl! Damit kann ich jedes verdammte Feld durchsuchen! Kapiert?«

Der Bauer wird ganz kleinlaut und lässt die Beamten gewähren. Nach fünf Minuten sieht er den Polizisten über das Feld rennen, hinter ihm ein wütender Stier, der Blut sehen will. Da schreit der Bauer hinüber: »Zeige Sie ihm den Durchsuchungsbefehl!«

Ein junges Mädel entbindet gerade. Die Hebamme beruhigt sie: »Sou, des Erschde is scho do, und des Anner hemmer ah glei.«

Da fragt das Mädel erschrocken: »Was, is des vom Reiner ah scho do?«

Ein Hohenloher Dorf in den sechziger Jahren. Ein Unfall ist passiert: Der Knecht vom Bauern Franz muss ins Krankenhaus, um sich eine stark blutende Kopfwunde nähen zu lassen. Nachdem der Verletzte abtransportiert ist, nimmt der Bauer einen Gartenschlauch und spritzt das Blut von der Hofeinfahrt. Da kommt die dorfälteste Oma mit ihrem Krückstock vorbeigeschlurft und meint neugierig: »Na, hebbt ihr scho widder gschlacht?«

Landleben

Eine ältere Dame rennt auf die Polizeidienststelle und sagt dem Beamten: »Sie, ich wor grod im Zuuch unnerwegs. Dor wor ein Mann mittleren Alters, der hat mi unsittlich berührt!«

Fragt der Polizist: »Ja, um Gottes wille, wo denn?«

»Zwische Igersche und Margelse!«

»Wo brennt's denn heut?«, fragt der Bürgermeister den vorbeieilenden Feuerwehrmann.

»Beim Gruber«, antwortet der.

Da sagt der Bürgermeister: »Komisch, der hat doch net ämohl ä Brandschutzversicherung ...?!«

Weisheit von Gerd Ferz: »Wenn des negsch Johr am Rossmarkt wieder sou schüttet, dann könne's bald Nilpferde prämiere!«

1967 im Kochertal. Der Lehrer hält eine wichtige Ansprache: »Also, Kinder! Morgen kommt ihr frisch gekämmt und mit sauberen Kleidern in die Schule. Es kommt nämlich ein Fotograf! Wir machen ein Klassenfoto.«

Landleben

Allgemeines Raunen geht durchs Klassenzimmer. Die Schüler sind wenig begeistert. Der Lehrer wieder: »Aber, Kinder. Jetzt stellt euch doch mal vor, ihr schaut das Bild in 30 Jahren wieder an. Da sagt ihr dann: Ach, das ist der Paul, den kenn ich noch. Oder: Das ist der Hans, der ist heute Metzger ...«

Da ertönt aus der letzten Reihe eine Stimme: »Oder: Des is unser Lehrer, der is letsch Johr beerdicht worde!«

Ein Hohenloher Bauer kommt mit einem Schaf unterm Arm ins Schlafzimmer und sagt: »Guck, des is die Sau, mit der ich's treibe muss, wenn du net willsch!«

Da sagt die Frau: »Awwer des is doch ä Schaf?!«

Darauf erwidert der Bauer gereizt: »Hald däy Gosch, ich schwätz mit dem Schaf!«

Ein Tourist aus dem hohen Norden verläuft sich zu einem Bauernhof im Taubertal. Er findet einen brummigen Bauern vor, zeigt ihm eine Wanderkarte und fragt ihn: »Sie, wo ist denn dieser Wildpark? Da möchte ich hin!«

Da fragt der Bauer zurück: »Als was?«

Landleben

Die Oma im Beichtstuhl: »Herr Pfarrer, i hob än Sechzehnjährigen verführt!«
 Der Geistliche antwortet: »Ich glaab viel, awwer des net! In Ihrem Alter?«
 »Na ja, es ist zwar scho sechzig Johr her, awwer ich beicht's halt immer noch gern!«

Der Pfarrer sagt betroffen zum elfjährigen Gerd: »Mein Junge, ich fürchte, wir beide werden uns nie im Himmel begegnen.«
 Fragt Gerd überrascht: »Wiesou, Herr Pfarrer, wos hebbe Sie ougstellt?«

Fragt der Arzt die Dame aus Gerabronn: »Welle Sie, dass Ihr Mou bei der Geburt anwesend ist?«
 Antwortet sie: »Net nedich, der wor bei de Zeugung ja ah net dobei!«

Bauer Hermann hat für seinen Hühnerhof einen jungen Hahn gekauft. Der alte Hahn weist den neuen ein: »Du kannst alle Hennen haben bis auf die Berta. Die gehört mir!«

Landleben

Großmäulig tönt der junge Gockel: »Nix da, ich nehm mir, was ich will!!«

Darauf der alte Gockel: »Dann lass uns einen Wettlauf zehn Runden um den Misthaufen machen, der Sieger bekommt alle Hennen.«

Die beiden Hähne rennen los. Der ältere liegt vorne, aber ab der siebten Runde holt der junge Gockel ganz dicht auf. Da ertönt ein Schuss und der junge Hahn fällt tot um. Der alte Hahn grinst, der Bauer nimmt sein Gewehr runter und meint verwundert: »Komisch, des is scho der dritte schwule Gockel in derre Woch!«

Der Knecht stürzt zum Bauern in die Küche, ganz außer Atem. »Bauer! Bauer! Do unde, uff däyner Wiese, do treibt's onner mit däynere Fraa!«

Der Bauer schlurft gelassen zum Fenster und schaut sich das Elend an. Nach einer Weile sagt er zum Knecht: »Du Depp! Des is net mäy Wiese!«

Gerd bei der ersten Fahrstunde. Der Neuling wird langsam zornig: »Die bleede Fußgänger dabbe mir ja ständig vors Auto!«

Sagt der Fahrlehrer: »Jetzt fohre mir ersch ämohl vom Gehwech runter!«

Landleben

Drei Jäger aus dem Jagsttal schließen eine Wette ab, wer wohl die größte Beute mit nach Hause bringt. Wie besprochen treffen sie sich zwei Stunden später wieder an der Jagdhütte. Der erste erlegte eine Wildsau.

»Des wor eigentlich ganz ofach!«, sagt er. »Bin vorm Loch gstande, hob näygrunzt, uff einmal rennt die Sau raus, und ich hob's gschosse.«

Der zweite hat einen Bären erlegt.

»Mäyns wor ah net schwer. Wor vor derre Höhle gstande, hob näybrummt. Dann is der Bär rauskumme, hob ich gschosse.«

Der dritte Jäger lässt sich ewig nicht blicken. Als es dunkel wird, humpelt er auf die Hütte zu, mit Krücken und voller Blut.

»Wos issen mit dir bassiert?«, fragen ihn die beiden wartenden Jäger.

»Ha, ich wor vorm große dunkle Loch gstande, hob näypfiffe und – zack! – überfährt mi der Zuch!«

Ein enthusiastischer Staubsaugervertreter kommt auf einen Aussiedlerhof bei Künzelsau und sagt zur Bäuerin: »Junge Frau, darf ich Ihnen mal die Saugkraft unseres neuen Windisch-2000 vorstellen?«

Die Bäuerin: »Ich hob jetz net viel Zeit.«

»Kein Problem, geht ganz schnell!«

Landleben

Der Vertreter kommt ins Wohnzimmer und schüttet einen Beutel Staub und Sand direkt auf den neuen Teppich und sagt erfreut: »So, gute Frau, jetzt werden Sie gleich Zeugin eines wahren Wunders!«

Sagt die Bäuerin: »Des glaab i ah, mir hebbe nämlich seit heut morche Stromausfall!«

Der Opa und sein Enkel gehen auf Hirschjagd. Nach mehreren Stunden erscheint endlich ein prächtiger Hirsch auf der Lichtung. Der Enkel nimmt das Gewehr hoch und setzt zum Schuss an, aber der Opa drückt es ihm nach unten: »Net den, der is noch zu jung!«

Sie warten wieder. Als ein anderer Hirsch kommt, will der junge Jäger wieder anlegen, doch der Alte greift ein: »Nee, der is zu alt!«

Einige Zeit später kommt ein ganz jämmerlicher Hirsch aus dem Wald gehumpelt. Er ist einäugig, ein Ohr fehlt ganz, das andere zerfetzt, Löcher im Fell und nur noch das halbe Geweih. Da sagt der Opa: »Jetzt kannsch schieße, uff den schieße mir ah immer ...«

Landleben

Ein Bauer aus Dörzbach rollt sein frisch gefülltes Mostfass heimwärts. Als er auf seinem Hof den Inhalt des großen Fasses auf drei kleine Fässer aufteilen will, macht er eine makabre Entdeckung. Auf dem Boden des Fasses liegt etwas Stacheliges, das sich nicht mehr regt. Voller Wut schüttet er alle Fässer aus und rollt das große Fass zurück zur Mosterei. Dort angekommen mault er den Meister an: »Do, geh mol her, du Saubär! In dem Fass, wo's du mir gebe hasch, laid 'n toter Igel dinne!«

Der Meister schaut in das Fass hinein und sagt dann erleichtert: »Ach, do is mäy Fußberschde!«

Eine Bäuerin aus Oberstetten arbeitet schon den ganzen Tag auf dem Feld, als sie ein dringendes Bedürfnis verspürt. Als sie sicher ist, dass keiner zuschaut, geht sie zum nahegelegenen Waldrand, um ihr Geschäft direkt über einem Fuchsbau zu verrichten. Ein junger Fuchs, der das ganze Elend von unten anschauen muss, rennt zurück in den Bau und sagt zu Mama Fuchs: »Es rechend bald, die Vögel hebbe scho die Neschder umdreht!«

Eheleben
Gemeinsam sind wir unausstehlich

Eheleben

Fragt die Frau ihren Mann, als er zur Haustüre reinkommt: »Und, Herbert, wos hat der Doktor gsproche?«
Der Gatte begeistert: »Ich kou bald Koffer packe. Der Arzt hat gsocht, ich brauch Höhenluft und Bewegung.«
»Subber Sach! Dann kousch morche endlich mol den Dachboude uffrohme!«

Sagt die Ehefrau am sonntäglichen Mittagstisch: »Unser Pfarrer hat heit lang und breit über Ehebruch gschwätzt.«
Da sagt der Gatte spöttisch: »Und, bisch jetzt ä weng gscheiter?«
»Des net, awwer mir is wieder äygfalle, wo ich letsch mäyn Recheschirm vergesse hob!«

Zwei Jäger sitzen bei Schwäbisch Hall auf einem Hochsitz. Da sagt der eine: »Letsch Wuch hob ich mir ä Ferngloos kaaft, do kannsch uff fünf Kilometer die Ameise uffem Haufe zähle!«
Der andere will sich überzeugen und sieht durch. »Mensch Hannes, ich kou sogor däy Hütte sehe. Du, wos würdsch du eigentlich mache, wenn di däy Fraa mit däym beschde Freund betrüge würd?«

Eheleben

»Naja«, sagt Hannes, »ich würd ersch mäyner Fraa in ihren hohle Kopf schieße und danoch mäym Freund in die Eier!«

Da sagt der andere: »Dann schnapp däy Knarre und ziel gut, des kannsch jetzt mit einem Schuss schaffe!«

Gerd und Thomas laufen sich zufällig über den Weg. Sagt Gerd: »Du, ich hob geschtern versucht, di zu erreiche, awwer du bisch net ans Telefon.«

Antwortet Thomas: »Haja, ich wor mit mäyner Fraa uffem Flohmarkt.«

»Und«, fragt Gerd, »bisch se losgworde?«

Es kommt ein 86-Jähriger in heller Aufregung zum Arzt: »Herr Doktor, ich versteh's net. Ich bin 86 Johr alt, mäy Fraa ist 29 und is schwanger. Wie geht denn des? Ich versteh's net.«

Sagt der Arzt: »Immer mit der Ruhe. Jetzt stellen Sie sich mal vor, Sie gehen an der Tauber spazieren und sehen einen Hasen. Sie zeigen mit Ihrem Spazierstock auf ihn, rufen ›Peng‹ und der Hase fällt tot um. Wie, glauben Sie, geht das?«

»Ja, is doch klar!«, sagt der alte Mann. »Do hat ebber anners gschosse!«

»Na«, sagt der Arzt, »merken Sie was?«

Eheleben

Jürgen fragt seinen besten Kumpel: »Ha, du! Stimmt des, dass däy Fraa sou ä Granate im Bett is?«
Der Freund zuckt mit den Schultern und sagt: »Naja, manche sooche sou, und manche sooche sou ...«

Jürgen stürmt auf die Polizeiwache: »Schnell, Herr Wachtmeister! Stecke Sie mi in ä Einzelzelle! Ich hob mäyner Fraa middem Hammer uffen Kopf gschlooche!«
Der Polizist ist ganz erschrocken: »Um Gottes wille! Ja, is die jetzt dod?«
»No, awwer sie kummt bestimmt glei zur Dier räy!«

Ein Paar liegt fix und fertig im Bett, eng umschlungen. Die Frau hört ein verdächtiges Geräusch und sagt: »Jesses, mäyn Mou! Geh schnell ab in de Schrank!«
Der Liebhaber rennt in den Schrank und schließt die Tür. Da kommt auch schon der Ehemann ins Schlafzimmer und findet seine Frau nackt auf dem Bett vor.
Er fragt: »Wos hasch du heit noch vor?«
Die Frau antwortet: »Ich hob mol wieder Luschd uffen gscheite Kerl. Komm, zieh di aus!«

Eheleben

Der Mann zieht seine Jacke aus, um sie in den Schrank zu hängen. Als er die Tür öffnet, findet er einen nackten Mann vor, der dauernd in die Hände klatscht und ihn völlig ignoriert.

Der Ehemann ist völlig perplex und fragt: »Hey, wos mache Sie in unserm Schrank?«

Der Nackte antwortet: »Ich bin Kammerjächer und kümmer mich um die Motte!«

»Und warum hebbe Sie konne Klamotte ou?«

Der Nackte schaut an sich runter und sagt erstaunt: »Ha, die Saukribbel fresse doch alles!«

Sagt die Frau: »Du, Herbert, geh noch mol gschwind zum Supermarkt und hol mir noch ä Rehmle Eier!«

Der Mann ist wenig begeistert: »Bei dem Wedder? Do jächt mer doch konn Hund vor die Dier!«

»Den Hund kousch ah dohomm lasse!«

Ein junges Paar hat erst kürzlich Nachwuchs bekommen. Da sagt der Mann: »Geb du mir mol des Baby?«

Die Frau: »Do müss mer gschwind warte, bis es schreit!«

»Warum des?«

»Weil ich net waas, wo ich's nougläycht hob!«

Eheleben

Die Ehefrau kommt in einen Feinkostladen und fragt die Verkäuferin: »Welchen Wäy kenne Sie uns zur Silberhochzich empfehle?«
»Das kommt ganz darauf an. Wollen Sie es feiern oder vergessen?«

Meier sitzt traurig am Tresen und jammert: »Geschdern is mäy Fraa auszouche ...«
Da sagt der Wirt: »Naja, dann kehrt dohomm wieder Ruhe äy!«

Eine Frau sagt zu ihrem Ehemann: »Schatzi, morche fohr ich für ä Wuch zu mäyner Mutter. Kann ich noch ebbes für di mache?«
Der Mann schaut von der Zeitung auf und sagt: »No, des langt.«

Oma und Opa besuchen die Familie ihres Sohnes in Crailsheim und bleiben über Nacht. Als der Opa im Bad ist, findet er eine Schachtel Viagra.
Er geht heimlich zum Sohn und fragt: »Du, krich ich do onne dofou?«

Eheleben

Der Sohn sagt: »Die sinn awwer net billich, do koschtet onne zehn Euro.«

»Macht nix«, sagt Opa, »ich nemm onne und läych dir morche früh des Geld unters Kopfkisse!«

Am nächsten Morgen nach der Abreise findet der Sohn 110 Euro unter dem Kopfkissen. Er ruft sofort seinen Vater an: »Ich hob gsocht zehn Euro für eine Viagra, nicht 110!«

»Ich waaß«, sagt der Vater, »die hundert sinn von däyner Mutter!«

Die Frau kommt nach Hause und sagt zu ihrem Ehemann: »Ich hob ä gute und ä schlechte Nachricht. Welche willsch zersch höre?«

Antwortet der Mann: »Naja, wenn's scho sou ougeht, dann die gute.«

»Also gut, der Airbag von unserm Auto funktioniert äywandfrei!«

Das ältere Ehepaar sitzt auf der Parkbank. Da sagt die Oma: »Waasch noch, früher: Du hasch's als dermaße eilig kott, dass mir net ämohl Zeit bliebe is, um die Strümpf auszuziehe!«

»Haja«, meint der Opa, »awwer heit kannsch vorher noch welche stricke!«

Eheleben

Der Richter zum gebeutelten Ehemann: »Ihre Frau verzeiht und will es noch einmal mit Ihnen versuchen.«
Der Mann schnauft und meint: »Gut, ich nehm die Strafe an.«

Die Ehefrau fragt den Gatten: »Was findesch du besser an mir, mäy hübsches Gesicht oder mäy tolle Figur?«
Da antwortet der Gatte lachend: »Däyn Sinn für Humor.«

Sagt Thomas zu Gerd: »Braugsch du ä Brockhaus-Enzyklopädie?«
»No, warum?«
»Haja, ich bin ja wieder verheiert, und mäy Fraa waaß eh alles besser!«

Heiner besucht seit langem mal wieder Onkel und Tante. Während des Abendessens fällt ihm auf, dass sich die beiden nur mit albernen Kosenamen anreden. Nach dem Essen, als die Tante kurz in

Eheleben

die Küche geht, spricht Heiner seinen Onkel an: »Du, soch ämohl, seid Ihr net ä weng zu alt für den ganze Schatzi-Mausi-Kram. Ihr führt eich ja uff wie frisch verliebt!«

Da beugt sich sein Onkel zu ihm rüber und flüstert: »Um ehrlich zu sei, ich waas nimmi, wie die haast ...«

Der Vater schaut in seinen Geldbeutel und blickt dann streng Frau und Sohn an: »Unser Sohn hat bei mir Geld raus!«

Da widerspricht die Frau: »Woher willsch des wisse? Des könnt ja ah ich gweese sei.«

Der Vater schüttelt den Kopf. »Eher net, es is noch ebbes drin.«

Hans und Gerhard stehen an der Bar. Da sagt Hans: »Also, ich schenk maynere Fraa zum Fuffzigschde ä goldeni Halskette!«

Darauf sagt Gerhard: »Du bisch awwer knickerich! Mayni schenk ich zum Fuffzigschde eine Grönlandreise!«

Da sagt Hans: »Und wie willschen des noch zum Sechzigschde übertrumpfe?«

»Wenn's Glück hat, derf's dann wieder homm!«

Eheleben

Zwei Freunde treffen sich nach Jahren zufällig wieder. Fragt der eine: »Und, bisch mittlerweile verheiert?«

Meint der andere: »Mir feiere jetzt die Wollene – sie heed wolle, awwer i net!«

Die Mutter entsetzt zu ihrer Tochter: »Für die Pille bisch awwer noch arch jung, do musch noch ä weng warte!«

Da sagt die Tochter: »Und was is, wenn ich dann nimmi sou viel Glück hob, wie die letschde zwaa Johr?«

Frieher hob i gsuffe, weil i ko Fraa gfunde hob; und jetzt sauf i, weil i onne hob.

Dem geschiedenen Schorsch erscheint im Wald eine gute Fee, die ihm verkündet: »Du hast drei Wünsche frei, aber eins bedenke: Deine Ex-Frau kriegt davon das Doppelte!«

»Also gut«, sagt Schorsch, »dann will ich än Kaschte Bier, der nie leer wird.«

Eheleben

Die Fee sagt: »Hier ist er. Deine Ex hat jetzt zwei davon.«

»Mir egal«, sagt Schorsch, »dann will ich noch eine Million Euro.«

Die Fee wieder: »Hier hast du das Geld. Deine Ex hat jetzt zwei Millionen Euro. Was ist dein letzter Wunsch?«

Da sagt Schorsch mit einem fetten Grinsen: »Jetzt schlooch mi halber hie!«

Die vierjährige Lisa liegt am Abend ewig wach und will einfach nicht einschlafen. Da kommt der verzweifelten Mutter endlich die rettende Idee: »Vielleicht sing ich ihr was vor?!«

Der Vater: »Jetzt versuch's doch ersch ämohl im Gute!«

Die Frau genervt: »Kousch du net endlich mol den Wasserhahn repariere?«

Der Mann schaut von der Zeitung auf: »Des hat morche noch Zeit.«

»Morche, morche, alles willsch du morche mache.«

»Hasch reecht, des schaff ich gor net alles morche. Ich mach's negsch Wuch!«

Eheleben

Der frisch geschiedene Jürgen sinniert am Stammtisch: »Naja, gemeinsame Interesse in einer Ehe werde ah überschätzt. Bei mir und mäyner Ex hat's ah nix gnützt, obwohl ich ä Werkstatt hob und sie ä Schraube locker!«

Ein Jäger kommt nach Hause und erwischt seine Frau im Bett mit seinem besten Freund. Er läuft zum Schrank, holt sein Gewehr und erschießt ihn auf der Stelle. Seine Frau verschränkt die Arme und sagt giftig: »Wenn des sou weitergäht, hasch bald konne Fräynd mehr!«

Ehemann zur Frau: »Unser Briefträger hat zu mir gsocht, dass er in unserer Stroße scho alle Fraue bis uff onne flachgläycht hat!«
Darauf die Ehefrau: »Bestimmt die bleed Kuh von de anner Stroßeseite.«

Thomas – zum zweiten Mal verheiratet – sitzt zerknirscht am Tresen. Seine Freunde sind schon voller Sorge, weil er ewig nicht mit der Sprache

Eheleben

herausrückt. Nach langem Hin und Her sagt er schließlich: »Stellt euch vor, ich werd Vadder.«

»Ja, und? Warum machsch jetz sou ä langs Gsicht?«, erkundigen sich die Freunde.

»Naja«, sagt Thomas, »mäy Fraa waas noch nix dofou!«

Das ältere Ehepaar Fritz und Irma steht vorm Schweinestall. Irma hat nur noch Gedanken für die bevorstehende Goldene Hochzeit. Sie zeigt mit dem Daumen in den Stall und sagt: »Mir mache ä richtichs Fescht! Und vorher schlachte mir ä Sau!«

Da sagt Fritz entgeistert: »Aber Irma, du brauchsch doch net derre Sau die Schuld gebe für ebbes, wos scho fuffzich Johr her is!«

Gerd und Thomas unterhalten sich beim Bier. Gerd fragt: »Du, wie issen geschdern der Krach mit däyner Fraa ausgange?«

Antwortet Thomas: »Glaab's oder glaab's net, awwer nach einer Stund is sie uff die Knie gange!«

Fragt Gerd neugierig: »Und wos hat's gsocht?«

Thomas: »Kumm underm Tisch vor, du Saukribbel!«

Eheleben

Der junge Heiner verkündet stolz, er könne endlich dieses Jahr beim Dorftheater mitspielen: »Ich spiel'n Mou, der seit 25 Johr verheiert is.«
»Net schlecht für'n Oufang«, meint sein Vater, »vielleicht wird's ja negsch mol ä Sprechrolle.«

Nach einem heftigen Streit spricht das Ehepaar tagelang nicht mehr miteinander. Eines Abends findet die Frau am Kühlschrank einen Zettel: »Morgen um 7.00 Uhr wecken!«
Am nächsten Tag wird der Ehemann erst um zehn Uhr wach und findet am Kühlschrank einen Zettel: »Es ist 7.00 Uhr – bitte aufstehen!«

Die Ehefrau kommt nach zwei Wochen wieder zurück von der Schönheitsfarm und fragt ihren Mann erwartungsvoll: »Na, wie seh ich aus?«
Darauf der Gatte: »Naja, wenigschdens hasch's probiert.«

Aufleben
Wie man im Hohenlohischen feiert

Aufleben

Gerd und Thomas philosophieren um drei Uhr in der Früh am Stammtisch: »Wos kummt denn wohl raus, wenn mer än Hai mit erer Kuh kreuzt?«

»Ko Ahnung, awwer melke würd ich's net!«

Eine alte Hohenloher Witwe trinkt auf dem Straßenfest zum ersten Mal in ihrem Leben Bier und sagt nach einiger Überlegung stirnrunzelnd: »Ha, des is komisch. Des Zeich schmeckt genau sou wie die Medizin, die mäyn Mou dreißig Johr hat nemme müsse!«

»Jetzt langt's mir awwer«, schimpft der Wirt, »ich schreib überhaupt nix mehr ou!«

Darauf der Stammgast: »Und wie willsch du dir des in Zukunft alles merke?«

Jürgen – total besoffen – stellt sich in der Kneipe vor einen Tisch, zeigt auf die Männer zur Linken und sagt: »Ihr! Alles Deppe!«

Dann zeigt er auf die Männer zu seiner Rechten und sagt: »Und Ihr! Alles Ehebrecher!«

Aufleben

Ein Mann springt empört auf und sagt: »Des lass ich mir net gfalle. Ich bin seit zwanzg Johr verheiret und hob mäy Fraa noch nie betroge!«

Da lallt Jürgen: »Dann hock di zu denne Deppe!«

Die Polizei stoppt Gerd auf dem Heimweg. Einer der Polizisten geht ums Auto und sagt: »Oha, das riecht ja hier draußen schon verdächtig. Wir machen jetzt einen Alkoholtest!«

Darauf fragt Gerd: »Derf ich mir die Kneipe raussuche?«

Heiner, der ewige Junggeselle sitzt auf der Crailsheimer Jet-Set-Kneipen-Meile an der Bar und starrt lange mit offenem Mund eine äußerst attraktive Blondine an. Als sie ihn bemerkt, kommt sie schnurstracks auf ihn zu und sagt verführerisch: »Gib mir hundert Euro, und ich mach, was immer du willst!« Dabei leckt sie sich lasziv über die Lippen.

Heiner holt seinen Geldbeutel raus, und fummelt mit zittriger Hand einen Hundert-Euro-Schein hervor. Er gibt ihr das Geld und sagt: »Streich mäy Scheune!«

Aufleben

Thomas und Gerd versuchten sich in der hohen Kunst des Bierbrauens. Nach einigen Wochen und Monaten mühevoller Versuche produzierten sie endlich einen gelben Saft mit einem starken Geruch nach Hopfen. Sie schickten eine Probe ins staatliche Labor und warteten auf die Analyse, die da lautete: »Werte Herren, es tut uns leid, Ihnen mitteilen zu müssen, dass ihr Pferd an einem Leberschaden leidet.«

Der Optimist sagt: »Gut, mein Glas ist noch halb voll!«

Der Pessimist sagt: »Mist, mein Glas ist schon halb leer!«

Der Hohenloher sagt: »Wurscht, ich hol mir eh noch ons!«

Jürgen torkelt mal wieder besoffen nach Hause. Doch er verwechselt die Tür, läuft in die Kirche und lässt sich im Beichtstuhl nieder. Dem Pfarrer missfällt dies und er räuspert sich. Als der Betrunkene nicht reagiert, hustet er einmal auffällig. Keine Reaktion. Da hämmert er mit der Faust an die Wand und Jürgen lallt: »Hör uff, hier is ah ko Papier mehr!«

Aufleben

Gerd und Thomas verlassen die Kneipe. Sie diskutieren, welche Farbe denn der Mond habe, gelb oder rot? Da sagt Gerd: »Waasch wos? Mir frooche do vorne den Polizischt, der muss des wisse.«

Sie gehen zum Polizisten und fragen: »Herr Wachtmeister, welche Farb hat der Mond, gelb oder rot?«

Der Polizist dreht sich um und lallt: »Der rechte oder der linke?«

Jürgen torkelt betrunken die Straße hinunter. Dann bleibt er an einer Straßenlaterne stehen und versucht, sie mit einem Schlüssel aufzuschließen. Da ruft ein Mann von der anderen Straßenseite: »Des bringt nix, do wohnt doch niemand!«

Darauf Jürgen: »Awwer do drowwe brennt doch noch Licht?!«

Es ist Volksfest in Crailsheim. Zwei Männer stehen nebeneinander im Klowagen und pinkeln. Nachdem beide ihr Geschäft verrichtet haben, geht der eine ans Waschbecken, der andere direkt nach draußen. Der am Waschbecken ruft: »Hasch du noch nix von Hygiene ghört?«

Da sagt der andere: »Doch, awwer i hob mir net uff die Händ brunzt!«

Aufleben

Autokontrolle im Kochertal. Polizist: »Papiere bitte! Sie sehen ja schon besoffen aus!«

Der Autofahrer: »Ich hob gar nix getrunke, des schwör ich!«

Polizist: »Okay, machen wir einen Test! Stellen Sie sich vor: Sie fahren nachts auf einer Straße, da kommen Ihnen zwei Lichter entgegen. Was ist das?«

Autofahrer: »Ha, wahrschäynlich ä Auto!?«

Polizist: »Ja, aber was für eins? Ein Mercedes, ein Opel oder ein BMW?«

Autofahrer: »Woher soll ich denn des wisse?«

Polizist: »Also sind Sie doch betrunken!«

Autofahrer: »Ganz sicher net!«

Polizist: »Okay, dann eben nochmal: Sie fahren im Dunkeln auf einer Straße, da kommt Ihnen ein Licht entgegen, was ist das?«

Autofahrer: »Ä Motorrod!«

Polizist: »Ja, aber was für eins? Eine Honda, eine Kawasaki oder eine Harley?«

Autofahrer: »Waas ich net! Aber jetzt mach ich ämohl den Teschd mit Ihne: Es steht ä Fraa am Stroßerand. In Minirock, Netzstrümpf und hohe Schuh. Was kann des sei?«

Polizist: »Bestimmt eine Nutte!«

Da grinst der Autofahrer: »Ja klar, aber welche? Ihre Tochter, Ihre Fraa oder Ihr Mutter?«

Rumleben
Was in Hohenlohe sonst noch passiert

Rumleben

Der 16-jährige Gerd rempelt mit seinem Moped einen unglaublich dicken Mann an. »Du Saukribbel«, poltert der, »kannsch du net um mi rumfohre?«

Da antwortet Gerd: »Hätt ich scho gmacht, awwer ich wor net sicher, ob der Sprit langt!«

Der Physiklehrer fragt in die ratlose Klasse: »Was ist schneller, Licht oder Schall?«

Einzig Gerd antwortet: »Ha, Licht! Des is doch klar!«

»Und warum?«

»Weil die Aache weiter vorre sinn als die Ohre!«

In der Firma gibt es einen neuen Chef. Unerbittlich schmeißt er jeden raus, der nicht mit vollem Einsatz bei der Sache ist. In der ersten Woche hat er schon drei Leute gefeuert. Als er mittags durch den Flur läuft, sieht er, wie ein Mann tatenlos an einer Wand lehnt. Andere Angestellte sind auch anwesend und der Chef will seinen Leuten zeigen, dass er Faulheit nicht duldet. Er geht zu dem Mann hin und fragt ganz laut: »Was verdiene Sie in der Wuch?«

Überrascht antwortet der Mann: »Um die 400 Euro.«

Rumleben

Der Chef holt seinen Geldbeutel heraus, gibt ihm 800 Euro und schreit ihn an: »Gut, do is Ihr Lohn für zwaa Wuche, jetzt haue Sie ab und kumme nie mehr doher!«

Der Mann nimmt das Geld und zieht von dannen.

Der Chef dreht sich zu einem der anderen Mitarbeiter um und fragt: »Wos hat der Faulpelz hier im Haus gmacht?«

Da antwortet der Angestellte: »Pizza gliefert!«

Arzt zu Jürgen: »Ich empfehle Ihnen mehr Sport zu machen, Bewegung ist das A und O!«

Jürgen dazu: »Ha, jetzt dreh ich doch scho mäy Zigarette selber!«

Ein nackter Radfahrer fährt über den Marktplatz in Bad Mergentheim. Da wird er von zwei Polizisten angehalten. Der eine sagt: »Moment ähmol, Sie sind eine Erregung öffentlichen Ärgernisses! Des gibt awwer ä saftiche Stroof!«

Da jammert der Mann: »Awwer des kenne Se doch net mache, ich hob neun Kinder dohomm!«

Da sagt der andere Polizist: »Komm, lass! Der hat säy Arbeitsklamotte ou.«

Rumleben

Der Chef kommt ins Lager und findet einen schlafenden Arbeiter vor. Er klopft ihm auf die Schulter: »Hey, warum arbeiten Sie nicht?«
   Da antwortet der Arbeiter: »Ich hob Sie doch gor net kumme höre!«

Zwei alte Männer sitzen auf der Parkbank und unterhalten sich. Da sagt der eine: »Wäyhnachte is halt schee!«
   Der andere antwortet: »Awwer Sex is scheener!«
   »Awwer Wäyhnachte is öfter!«

Dorfdepp Diddi steht in Künzelsau vor einer Großbaustelle und fragt einen Baggerfahrer: »Wie viel Mann schaffe denn uff derre Baustell?«
   Da sagt der Arbeiter: »Naja, sou knapp siebzig Prozent!«

Ein Mann kommt aufs Polizeirevier und will seine Frau vermisst melden. Der Polizist fragt ihn: »Hätte Sie vielleicht ä Foto von Ihrer Fraa? Des wär hald gschickt.«

Rumleben

»Uff jeden Fall!«, antwortet der Mann, kramt ein Foto seiner Frau raus und gibt es dem Polizisten.
Der betrachtet das Bild kurz und fragt dann: »Und die soll mer wirklich suche?«

Ein Elektriker kommt ins Krankenzimmer und sagt zu dem Patienten, der an ein Beatmungsgerät angeschlossen ist: »Sou, jetzt müsse Sie mol richtich tief Luft hole!«.
Da röchelt der Patient: »Ja, awwer wiesou?«
»Ich muss jetzt ämohl ä halbi Stund den Strom abstelle!«

Der kleine Ralf entdeckt, dass sein Bettchen noch nicht bezogen ist. Schließlich fragt er seine Mutter: »Mama, muss ich heit Nacht ohne Beziehung schloofe?«

Sagt der Handwerker zur Hausfrau: »Also, Frau Neidhammel, sou mach mer's! Ich kumm dann Oufang nägschder Wuch wieder, Dunnerschdich oder Freidich ...«

Rumleben

Gerd nimmt seinen Bruder Mampfred auf die Seite und sagt: »Du ich glaab, unser Mutter is än Messi!«

»Wie kummsch denn do druff?«, fragt Mampfred.

»Ha, nerchends is Platz: In des Badezimmerschränkle krich ich mäy Zahnbürschde bloß noch näy, wenn ich vorher die Borschde abschneid!«

Der Lehrer sagt: »Markus, geh mal zur Weltkarte und finde Amerika!«

Markus schlurft nach vorne, zeigt lustlos auf die Karte und sagt: »Do isses!«

Der Lehrer: »Genau! So, jetzt an die ganze Klasse: Wer hat Amerika entdeckt?«

Klasse: »Markus!«

Heiner, der ewige Junggeselle, fährt mit einem Mädel, das er eben erst kennen gelernt hat, weit raus in den Wald. Die beiden küssen und fummeln, als sie auf einmal sagt: »Ups, das hätte ich früher sagen sollen: Ich bin eigentlich eine Prostituierte und nehm hundert Euro für Sex.«

Heiner bezahlt brav und die beiden legen los. Bei der Zigarette danach schaut Heiner aus dem Fenster und sagt keinen Ton mehr, bis es dem

Rumleben

Mädel zu blöd wird und sie sagt: »Warum fahren wir nicht zurück?«

Da antwortet Heiner gelassen: »Ups, des hätt ich früher sooche selle: Ich bin eigentlich Taxifahrer und nemm hundert Euro für den Weg zurück!«

Der neu eingestellte Straßenarbeiter Rudi hat den Auftrag, die Leitplanke zu streichen. Am ersten Tag schafft er 100 Meter, am zweiten Tag 50 Meter und am dritten nur noch 20 Meter. Da nimmt ihn sein Chef zur Seite und sagt: »Am Oufang worsch ja noch reechd fleißich, awwer jetzt megsch ganz schee schlapp ...«

Da antwortet Rudi: »Haja, die Strecke zum Farbeimer wird ja ah immer länger!«

Ein Tourist, der Hohenlohe besucht hat, ist wieder in seiner Heimat angekommen. Doch wutentbrannt ruft er in dem Gasthof an, wo er genächtigt hat: »Ich war jetzt eine Woche bei Ihnen in Urlaub, komme nach Hause, und da krabbeln drei Kakerlaken aus meinem Koffer!«

Da antwortet der Wirt gelassen: »Ha, die werde ä Fraad kott hobe, wo's wieder dohomm wore!«

Rumleben

Ein Ehepaar aus Köln sitzt auf der Terrasse eines Lokals im Taubertal. Mit dem Service sind sie zufrieden, mit dem Essen eher weniger. Als sie der Wirt fragt, wie es ihnen geschmeckt hat, antwortet die Frau: »Naja, wir haben schon besser gegessen!«

Da verschränkt der Wirt die Arme und sagt: »Awwer net bei uns!?«

Die Lehrerin erklärt den Kindern: »Und deshalb soll man auch nicht so viel Fleisch aus der Massentierhaltung essen. Die armen Tiere werden im Übermaß mit Medikamenten vollgestopft.«

Da meldet sich der kleine Gerd und sagt: »Gell, und doher kummt des ah mit dem Pharmaschinke?!«

Ein Bub fragt seinen Vater: »Du Babba, wie sinn eigentlich die Mensche entstande?«

Der Vater erklärt: »Adam und Eva hebbe halt Kinder kricht. Und wie die groß worde sinn, hebbe die ah wieder Kinder kricht, und so weiter ...«

Da geht der Bub zu seiner Mutter und stellt dieselbe Frage, und die Mutter sagt: »Mir stamme eigentlich vom Affe ab, und im Lauf der Evolution hat sich halt der Mensch entwickelt.«

Der Bub rennt zurück zum Vater und schreit:

Rumleben

»Was du gsocht hasch, stimmt gor net. Die Mama secht, mir stamme vom Affe ab!«

Da verteidigt sich der Vater und antwortet: »Moment, däy Mutter spricht von ihrer Seite der Familie!«

Dorfdepp Diddi sieht einen Freund auf dem Gartenhäuschen sitzen, der gerade Dachpappe festnagelt. Einen Nagel klopft er rein, zwei schmeißt er weg. Dann klopft er wieder einen Nagel rein, zwei schmeißt er weg ...

Sagt Diddi von unten: »Hey, warum schmeischt du sou viel Näychel fort?«

Darauf der Kumpel: »Manche Nägel sinn gut. Die hebbe den Kopf owwe und die Spitze unde. Awwer dann gibt's sodde, do is grod annersrum, die krieg ich net näy.«

Meint Diddi wieder von unten: »Dann heb die doch uff, vielleicht hasch mol was von unde zu nachlä!«

Der kleine Hannes rennt zu seinem Vater: »Papa, darf ich mal zum Bungee-Jumping?«

Der Vater: »Ich glaab, di hat's! Däy Lebe' hat scho middem kaputte Gummi ougfange, des braucht net ah sou ende!«

Rumleben

Gerd Ferz sitzt beim Augenarzt. Nach einer langen Prozedur und verschiedenen Sehtests sagt der Arzt: »Naja, alles halb so wild. Ich würde Ihnen aber empfehlen, dass Sie sich zumindest zum Lesen eine Brille zulegen.«

Gerd überlegt kurz und sagt: »Hmm, sou viel les ich net, högschdens mol uffem Klo. Von doheer würd mir ä Klobrille reiche!«

Dorfdepp Diddi sitzt mit seinem Bruder am Tisch, der ihm ein Würfelspiel erklärt: »Also, wenn du die Zahle eins bis fünf würfelsch, derf ich dir aufs Maul haue!«

Diddi schaut seinen Bruder fragend an: »Und wenn ich ä Sechs würfel?«

»Dann würfelsch noch ämohl!«

Heiner geht zu seinem Chef und jammert: »Sie, ich muss homm. Mir geht's im Bauch rum und Kopfweh hob ich ah!«

Da nimmt ihn der Chef beiseite und flüstert geheimnisvoll: »Do hob i än Tipp. Wenn's mir sou geht, geh ich zu mäyner Fraa, lass mir's von derre richtich besorche und hinterher bin ich wieder fit.«

Rumleben

Später am selben Tag trifft Heiner den Chef wieder und sagt: »Sie, des mit dem Tipp hat funktioniert. Und ä scheens Haus hebbe Sie ah!«

Der Kunde ist genervt. Schon seit einer Stunde probiert er Hüte. »Hebbe Sie denn nix, was zu mäym Kopf basst?«

Antwortet der Verkäufer: »Wie wärs mit einem Strohhut!«

Der Sohn kommt mit einem Eis nach Hause. »Woher hasch du denn des Geld für ä Eis?«, fragt die Mutter grimmig.

»Des hasch mir doch für die Kerch mitgebe«, antwortet der Kleine.

»Awwer do wor heit freier Eintritt.«

Der Messner erwischt die Ministranten in der Sakristei und fragt unwirsch: »Wem gehören die Schlittschuhe da in der Ecke?«

Der kleine Gerd grinst ihn an und sagt: »Wahrschäynlich denne Eisheilige!«

Rumleben

Fragt der Sohnemann: »Babba, wovon lebe eigentlich die Fisch?«
Sagt der Vater geduldig: »Von dem, wos sie halt finde.«
»Und wenn sie nix finde?«
»Dann fresses halt wos anners.«

Gerd und Thomas sitzen im Café und lassen es sich gut gehen. Als Gerd seine Tasse bis zum Rand mit Zucker auffüllt, schaut Thomas ihn mit großen Augen an und fragt ungläubig: »Und des kou mer noch trinke?«
Gerd antwortet: »Klar kou mer des trinke. Mer derf bloß net umrühre, sonscht wird's zu süß!«

Ein Einbrecher steigt des Nachts in ein Haus ein. Schleichend bewegt er sich durchs Wohnzimmer, als er eine Stimme hört, die sagt: »Zappo beobachtet dich!«
Er schaut sich um, kann aber nichts erkennen, als die Stimme erneut sagt: »Zappo beobachtet dich!«
Da macht der Einbrecher genervt das Licht an und sieht einen Papagei auf der Stange sitzen.
»Wer bisch'n du?«, fragt der Einbrecher.
»Mein Name ist Seppel-Heinz«, sagt der Papagei.

Rumleben

Der Einbrecher muss lachen: »Welcher Depp nennt säyn Papagei Seppel-Heinz?«

Der Papagei antwortet: »Derselbe Depp, der seinen Rottweiler Zappo nennt!«

Gerd kommt von der Schule heim. »Mama?«, sagt er. »Ich wor heut der Onziche, der ä Antwort gwisst hat, wie die Lehrerin wos gfroocht hat!«

Mutter freut sich: »Net schlecht! Was wor denn die Frage?«

»Wer hat die Scheibe kaputt gmacht?«

Gerd Ferz beim Vorstellungsgespräch: »Und wie hoch is jetzt des Gehalt?«

Antwortet der Personalchef: »Zunächst 3000 Euro brutto, später dann mehr.«

»Gut, dann kumm ich später wieder!«

Der Opa sitzt mit dem Enkel am Jagstufer und fragt ihn: »Na, wie alt bisch du jetzt eigentlich?«

Sagt der Kleine: »Zehn, Opa!«

»Tja, wie ich in däym Alter wor, wor ich ah zehn.«

Rumleben

Bei der Bundeswehr in Niederstetten. Der Hauptfeldwebel stürmt ins Geschäftszimmer und sagt zu einem Rekruten: »Mannometer, Sie sehe ja aus wie ä Vogelscheuche! Wo kumme Sie her?«
Antwort: »Aus Baden-Baden!«
»Dunnerwetter, jetzt stottert der Kribbel ah noch!«

Kommt ein Hohenloher ganz aufgelöst zum Psychiater: »Herr Doktor, ich hör immer so komische Stimmen, aber ich seh überhaupt niemand.«
Fragt der Psychiater: »Ja, und wann kommt das vor?«
»Immer, wenn ich am Telefoniere bin!«

»Warum ist es denn so wichtig, dass wir lesen lernen?«, will die Deutschlehrerin wissen.
Da meldet sich Gerd und sagt: »Damit uns net langweilich wird, wenn der Fernseher kaputt is!«

Ein Mann zu seinem Freund: »Mensch, ich brauch noch ä Geburtsdoochsgschenk für mäy Fraa, awwer mir fällt nix äy.«

Rumleben

Da sagt der Freund: »Ha, mach ihr doch än Gutschein, der ihr zwei Stunden super Sex verspricht, egal, wo und wie sie's will!«

Gesagt, getan.

Nach dem Geburtstag fragt der Freund: »Und, wie is der Gutschein oukumme?« »Naja«, sagt der Mann, »nachdem sie ihn glese hat, isse zur Tür nausgrennt und hat grufe ›bis in zwaa Stund‹!«

Es kommt der Patient ganz aufgeregt zum Arzt: »Herr Doktor, Sie hebbe mir doch des Stärkungsmittel verschriebe?«

Der Arzt darauf: »Ja sicher! Wirkt es denn nicht richtig?«

»Ko Ahnung, ich krich die Flasche net uff!«

Heiner besucht seinen Opa im Haller Krankenhaus: »Und wie isses hier?«

Opa antwortet: »Prima, jeden Obend krieg ich än Tee und Viagra, dann penn ich durch!«

»Viagra?«, fragt der Enkel, geht zur Schwester und fragt nach, ob das denn stimme.

Darauf antwortet die Schwester: »Ja klar! Mit dem Tee schläft er gut und mit dem Viagra rollt er net aus dem Bett!«

Rumleben

Entsetztes Aufkreischen der Ehefrau im Badezimmer: »Jesses, die Waage zeicht scho wieder zwei Kilo mehr ou!«

Beschwichtigt der Ehemann: »Jetzt schmink di doch ersch ämohl ab!«

»**Gebe Sie mir bitte ä Kilo Milch**«, sagt Hannes im Tante-Emma-Laden.

»Milch wird nicht gewogen, sondern gemessen«, berichtigt die Dame hinter dem Ladentisch.

»Gut, dann nemm ich än Meter!«

Ein neureicher Schnösel aus Stuttgart fährt durchs Hohenloher Land, als ihn ein echter Dorfpolizist vom alten Schlag anhält. »Sie kriche jetz einen Strafzettel, weil Sie an dem Stopp-Schild nicht gestoppt haben!«, sagt der Polizist.

Da antwortet der Schnösel: »Awwer i hob doch langsamer gmacht, außerdem isch koiner komme!«

»Mir egal, Sie haben Ihr Auto nicht komplett gestoppt!«, sagt der Polizist.

Da schlägt der Schnösel vor: »Ich geb Ihne uff der Stell' hundert Euro, wenn Sie mir glaubhaft den Unterschied zwischen langsamer mache und stoppen zeige könnet.«

Rumleben

Der Polizist geht drauf ein, lässt den Autofahrer aussteigen und prügelt sofort mit seinem Schlagstock auf ihn ein. Als der Schnösel blutend und heulend auf dem Boden liegt, fragt ihn der Polizist freundlich: »Soll ich jetzt langsamer machen oder stoppen?«

Heiner sitzt mit Thomas im Jugendraum und klagt: »Immer wenn ich ä Maadle mit hommbring, gfällt sie mäyner Mama net.«
Da antwortet Thomas: »Na, dann bring doch onne mit, die däyner Mama ähnlich sieht!«
»Scho probiert, die gfällt mäym Babba net!«

Gerd fährt mit seinem alten Ford Fiesta auf der einspurigen Landstraße. Plötzlich taucht hinter ihm ein Ferrari auf, drängelt und gibt Lichthupe. Dann zieht er in einem Affenzahn an Gerd vorbei. Einige Minuten später kommt Gerd an eine scharfe Kurve, die Leitplanke ist zerfetzt und der Ferrari steckt in einem Dorfweiher. Der Fahrer steht pitschnass am Ufer mit dem Handy am Ohr. Gerd fährt rechts ran, kurbelt die Scheibe runter und fragt: »Na, muss däy Pferdle ä weng was saufe?«

Rumleben

Am Jagstufer treffen sich zwei junge Frauen. Sagt die eine: »Schlechte Nachrichte: Mäyn Vermieter will, dass ich bis zum Monatsende ausgezoge bin.«

Darauf die andere: »Do hasch awwer Glück, mäyner will des jede Woch!«

Irma, die alte Mesnerin, schlurft während des Gottesdienstes aus der Sakristei, hält eine leere Pappschachtel hoch und fragt vor vollem Haus: »Herr Pfarrer, rauche Sie Billy-Boy?«

Hannes stolz in der Schule: »Ha, mäyn Vadder is jetzt bei de Bolizei!«

Fragt die Lehrerin interessiert: »Aha, und was macht er da genau?«

»Keine Ahnung, sie hebbe'n ersch heit früh mitgnumme!«

Drei Buben sitzen im Sandkasten, und jeder will damit angeben, was für ein tolles Zuhause er hat. Der Erste sagt: »Mir sinn dohomm drei Kinder, und jedes hat säy eichenes Besteck!«

Rumleben

Darauf der Zweite: »Pah, mir sinn vier Kinder, und jedes hat säy eichenes Zimmer!«

Schließlich der Dritte: »Des is doch gor nix! Mir sinn fünf Kinder dohomm, und jedes hat säyn eichene Vadder!«

Kurz vor Weihnachten: Die Mutter ist in der Küche, der Sohn Gerd im Wohnzimmer. »Gerd«, ruft die Mutter, »zünd ämohl den Adventskranz ou!«

Fragt Gerd nach einer Weile: »Die Kerze ah oder geht des automatisch?«

Kurz vor Heiligabend sagt die kleine Lisa zu ihrer Mutter: »Mami, ich wünsche mir ein Pony!«

Darauf die Mutter: »Na gut, Schätzle, morche früh geh mer zum Friseur.«

Es hat an der Tür geklingelt. Die kleine Lisa öffnet und sagt dann zu ihrer Mutter: »Mama, do sinn welche, die sammle fürs Altersheim!«

Darauf die Mutter: »Na, dann geb denne doch'n Opa mit!«

Rumleben

Mitten in der Nacht klingelt beim Landarzt das Telefon: »Herr Doktor, kumme Sie schnell! Unser Kind hat ä Kondom verschluckt!«

Der Arzt zieht sich schnell an und hastet zur Haustür.

Da klingelt erneut das Telefon: »Herr Doktor! Halb sou wild, mäyn Mou hat noch eins gfunde!«

Dorfdepp Diddi läuft mit einer Thermoskanne durch sein Dorf, als ihm der Pfarrer begegnet. »Na, was hast du da, Diddi?« fragt der Pfarrer.

»Ä Thermoskanne. Wisse Sie, die hält heiße Sache heiß, und kalte Sache kalt!«, sagt Diddi.

»Ich weiß schon, was des is«, sagt der Pfarrer, »awwer was is do drinne?«

Diddi: »Än Kaffee und ä Eis!«

An einem schönen Frühlingstag vor Gericht. Der Richter verhört den Angeklagten: »Wo waren Sie in der besagten Nacht zwischen zwölf und zwei Uhr morgens?«

Der Angeklagte: »Ha, im Bett.«

»Zeugen?«, fragt der Richter.

»Naja, mir hebbes halt probiert.«

Rumleben

Fragt die kleine Lisa ihre Tante: »Du, warum hebbt ihr eigentlich ko Kinder?«

Antwortet die Tante: »Naja, der Klapperstorch wor halt noch net bei uns.«

»Oje«, meint Lisa, »wenn ihr noch an den Klapperstorch glaabt, dann wundert mi nix.«

Gerd spuckt große Töne im Betrieb: »Geschdern bin ich ins Büro vom Chef, hob die Fauscht auffen Schreibtisch knallt und gsocht, dass ich endlich mehr Geld will!«

Die Kollegen fragen: »Und was hat er gsocht?«

Gerd antwortet: »Ich hob ja bloß geübt, der Chef is noch im Urlaub!«

Ein Hohenloher Tagedieb vor Gericht: »Angeklagter, geben Sie es zu! Sie sind von zehn Zeugen gesehen worden!«

Da antwortet der Angeklagte: »Des is doch gar nix, Herr Richter. Ich kann Ihne hundert bringe, die mi net gsehe hebbe!«

Rumleben

Gerd kam aus dem Krankenhaus und erzählt am Stammtisch: »Stellt eich vor, der Arzt hat bei der Operation in mäym Bauch än Schwamm vergesse!«

Die Kumpels fragen: »Und, hasch jetzt Schmerze?«

»Des net, awwer immer Durscht!«

Vor der Grundschule hat man ein Paar Handschuhe gefunden. Die Lehrerin zeigt sie den Kindern: »Wem gehören die Handschuhe?«

»Die sehe aus wie mäyni«, sagt Gerd, »awwer des könne die gor net sei, weil die sinn ja verschwunde.«

Gerd streitet mit seiner Nachbarin, die Lehrerin und Vegetarierin zugleich ist. Sie schnaubt wütend: »Ich esse kein Fleisch! Was Augen hat, wird nicht gegessen!«

Da sagt Gerd ganz gelassen: »Also, mi hat noch nie ä Bratwurscht ouguckt!«

Sagt Thomas zu Gerd: »Du, mäy Mutter will ebbes zu Wäyhnachte, was zu ihrm Gsicht basst!«

Rumleben

Gerd überlegt eine Weile und sagt dann: »Wie wär's mit einem Faltenrock?«

Der Kunde hat sich beim Gebrauchtwagenhändler endlich zum Kauf entschlossen. »Und wie is des mit dem Service bei Ihne?«, fragt er den Autohändler.
»Subber Sach«, ist die Antwort, »wer bei uns än Gebrauchte nimmt, kricht ah glei'n Busfahrplan mit dozu!«

»**Gegen Ihre Korpulenz, gnädige Frau**«, sagt der Arzt, »hilft viel Bewegung.«
Fragt die Dame: »Ja, wie jetzt? Soll ich in mäym Alter noch Liegestütze mache?«
»Nein. Kopf schütteln, immer wenn Ihnen etwas zum Essen angeboten wird.«

Thomas und Gerd sitzen auf der Bank vorm Haus. Da sagt Thomas: »Ich hob neilich im Fernseh gsehe, dass es Hunde gibt, die sinn gscheiter wie ihr Herrchen.«
Gerd überlegt und sagt dann: »Sou onn will ich ah!«

Rumleben

Sagt Manfred zum Gerd: »Du mit unserer Mutter is des komisch. Die is immer sou lang krank, wie die Tablette reiche. Wenn die letschde Tablette gfresse is, wird die wieder gsund.«

Sagt Gerd: »Ha, dann soll's halt ämohl mit der letschde Tablette oufange!«

Der Opa sitzt auf der Bank vor dem Haus ohne Hose und Unterhose. Da kommt der Enkel und fragt: »Opa, warum hasch du unten rum nix ou?«

Opa antwortet: »Letsch Woch wor ich ohne Hemd dogsesse und hob ä steifes Genick kricht. Heut ... des wor die Idee von däyner Oma.«

Die Kindergärtnerin geht wütend auf den Vater los: »Ihr Kribbel von Sohn hat zu mir ›alte Sau‹ gsocht, mecht mer des?«

Der Vater hebt entschuldigend die Hände: »Do misse Se entschuldiche, mir sooche ihm ah immer, dass er die Leit net nach'm Aussehe beurteile soll!«

Erleben
Der Hohenloher unterwegs

Erleben

Die zwei Hohenloher Gerd und Thomas sind im Urlaub und wollen angeln gehen. Dafür mieten sie sich die komplette Ausrüstung für den ganzen Urlaub. 800 Euro müssen sie dafür berappen. Aber das Glück lässt sie im Stich. Am ersten Tag fangen sie nichts. Am zweiten ebenso wenig. Am dritten, vierten und fünften Tag lässt sich auch kein Fisch blicken. Und so geht es weiter. Doch am letzten Tag vor der Abreise beißt endlich einer an. Als sie die Angelausrüstung zurückgegeben haben, sagt Thomas: »Is dir klar, dass uns jetzt der dumme Fisch achthundert Euro koscht hat?«

Darauf Gerd: »Ä Glück, dass mer net mehr gfange hebbe!«

Ein Hohenloher läuft um die Swimmingpools im Hotel herum. Da trifft er den Bademeister und fragt: »Sie, in dem Becke ganz hinde, do is überhaupt ko Wasser dinne!«

Da sagt der Bademeister: »Jaja, des is für Nichtschwimmer!«

Klein-Hannes ist mit seiner Mama am FKK-Strand: »Du Mama, warum hebbe manche Männer größere Zipfel wie anneri?«

Erleben

Die Mutter sucht nach einer Erklärung: »Ach waasch, je schlauer jemand is, umso greeßer is säyn Zipfel«

»Du Mama, und warum hebbe manche Fraue 'n greeßere Buse wie anneri?«

»Haja, je reicher ä Fraa is, umso greeßer is ah der Buse.«

»Aha! Vorhin hat der Babba middere reiche Fraa gschwätzt, do is der immer schlauer gworde!«

Der Gast aus Stäyde rennt in Barcelona empört zum Empfangstresen des Hotels und mault: »Sie, Senjorita! In mäym Zimmer kämpfe zwaa Ratte um ä Stück Brot!«

Er bekommt zur Antwort: »Aber mein Herr, bei diesen Zimmerpreisen gibt's leider keine Stierkämpfe.«

Gerd und Thomas leihen sich im Urlaub eine Jagdausrüstung und gehen auf Entenjagd. Thomas schießt, trifft und die Ente segelt zu Boden. »Super Schuss!«, sagt Thomas stolz.

Da kommentiert Gerd unbeeindruckt: »Hättsch gor net schieße brauche, den Sturz aus derre Höhe hätt des Viech doch eh net überlebt.«

Erleben

Der Bauer Leiser war drei Tage in Rom. Nach seiner Rückkehr fragt ihn sein Nachbar: »Und, wie hat dir die Sixtinische Kapelle gfalle?«

Darauf antwortet der Bauer: »Waas net. Ich glaab, die hebbe gor net gspielt!«

Gerd macht Urlaub im Schwarzwald. Er ist untergebracht in einem uralten Gasthaus, in dem es angeblich spuken soll. Als er eines Nachts durch die Flure irrt, erscheint ihm ein Geist, der mit jämmerlicher Stimme berichtet: »Ich bin eine verfluchte Seele und seit zweihundert Jahren in diesem Haus gefangen.«

Da sagt Gerd: »Ah net schlecht. Dann wisse Sie bestimmt, wo do ä Klo is?!«

Eine Familie aus dem Taubertal ist zum ersten Mal in der großen Stadt und bummelt durch ein Einkaufszentrum. Während sich die Mutter neue Kleider anschaut, steht der Vater mit dem Sohn vor einem Aufzug. Ratlos schauen sie sich an, als sich die Türen automatisch öffnen und schließen. Fragt der Sohn: »Babba, wos is des?«

Der Vater antwortet: »Ko Ahnung, so wos hob ich in mäym Lebe nouni gsehe!«

Erleben

Plötzlich schlurft eine alte, gebrechliche Frau in den Aufzug. Die Tür schließt sich hinter ihr, und als sie nach einer Weile wieder aufgeht, kommt eine junge Blondine herausgestöckelt.

Da sagt der Vater zu seinem Sohn: »Schnell! Hol däy Mama!«

Zwei Hohenloher steigen in einen Zug ein und suchen sich einen Platz. Als der Waggon kurz ruckelt, fragen sie einen Mitreisenden: »Ou, fährt der Zuch scho?«

»No, die schiebe nur den Bahnhof weg!«

Der Kellner fragt den Gast im Landgasthof: »Vielleicht möchten Sie ja die Forelle blau essen?«

»Lieber net«, erwidert der Gast, »ersch Fisch, dann die Getränke!«

Die Frisörin fragt Frau Zupfer: »Machen Sie denn wieder Urlaub auf der Almhütte?«

»Genau, wie letsch Johr«, antwortet diese.

»Und nehmen Sie wieder Ihren Schlafsack mit?«

»Ja, mäy Mou derf ah mitkumme.«

Erleben

Der Arbeiter kommt aus dem Urlaub zurück und läuft seinem Chef über den Weg: »Kappo, mir wore bei der WM in Brasilien. Do gibt's faschd bloß Nutte oder Fußballer!«
 Sagt der Chef empört: »Vorsicht, mäy Fraa kummt aus Brasilien!«
Darauf der Arbeiter: »Ah, bei welchem Veräy hat die gspielt?«

Sagt der Geselle zum Chef: »Und, Meischder! Wie wor's bei eich in Afrika im Urlaub?«
 Darauf der Chef: »Kataschdrofahl! Mäy Fraa hebbes zur Schönheitskönigin gwählt. Kannsch dir ja vorstelle, wos des für ä Kaff wor!?!«

Derselbe Chef gibt mordsmäßig in der Mittagspause an, wie toll sein Afrikaurlaub war: »Und dann binni sou ganz alloh durch die Wüschde gloffe – uff einmal: Zack! Ein echter Löwe hinter mir! Do binni glei weggrennt und auffen nägschde Baum nauf!«
 Darauf der Geselle: »Awwer in de Wüschde gibt's doch gar kei Bäum?!«
 Antwortet der Chef genervt: »Des wor mir in dem Moment scheißegal!«

Erleben

Eine Gruppe Hohenloher Junggesellen macht eine Busreise. Bei einer Stadtrundfahrt durch Augsburg sagt der Fremdenführer: »Meine Herren, gleich fahren wir an der ältesten Brauerei der Stadt vorbei!«

Fragt Gerd aus dem Hintergrund: »Warum vorbei?«

Der Opa erzählt dem Enkel: »Wie ich ämohl in Kanada wor, bin ich von fünf Wölfe ougriffe worde!«

Sagt der Kleine: »Awwer Opa, letsch Johr hasch gsocht, es wore zwaa!«

»Do worsch noch zu jung, um die ganze Wahrheit zu erfohre!«

Der Gast: »Bedienung, bringe Sie mir eine Forelle nach Art des Hauses!«

Da ruft ein zweiter Gast: »Des nemm ich ah, awwer ganz frisch!«

Schreit der Kellner nach hinten in die Küche: »Zwei Mal Forelle nach Art des Hauses. Einmal frisch!«

Erleben

Sagt Gerd zu Thomas: »Dies Johr mach ich im Urlaub ämohl gor nix. Die erschd Wuch hock ich mi bloß in die Hollywoodschaukel!«
»Ja, und dann?«
»Dann schaukel ich vielleicht ä bissle!«

Zwei Hohenloher Paare auf Mallorca. Sagt die eine Freundin zur anderen: »Ich glaab, ich hob däyn Mou middere Blondine am Strand gsehe!«
»Ja und«, sagt die andere spitzzüngig, »glaabsch du, in dem Alter hockt der noch im Sandkaschde?«

Ein Ehepaar aus Forchtenberg macht Urlaub an der Nordsee. Sagt der Mann: »Freu di halt, dass ich sou schee tauche glernt hob.«
Sagt sie: »Wiesou? Du kummsch ja immer wieder ruff!«

»**Na, wie wor's denn in Schottland?**«, fragt der Vater seine Tochter, die gerade aus dem Urlaub kam. »Hat bei denne wirklich jeder än Dudelsack?«
Antwortet die Tochter: »Also den, wo ich kenneglernt hob, hat 'n ganz normale kott!«

Ableben
Alles hat ein Ende …

Ableben

Einst sinnierte ein Hohenloher am Stammtisch: »Wenn mäy Fraa mol in de Himmel kummt, will ich net näy!«

Zwei Stammtischbrüder trauern um einen kürzlich verstorbenen Freund: »Beim Fritz hat sichs's Operiere nimmi glohnt, der is gstorbe wie säy Unterhose.«
   Sagt der andere verwundert: »Wie meinsch jetzt des?«
   »Ha, ohne Eingriff!«

Der schwerkranke Millionär liegt auf dem Sterbebett und röchelt seiner jungen Frau ins Ohr: »Wos soll nur aus dir werde, wenn ich ämohl nimmi do bin?«
   Sie streichelt seine Hand und sagt: »Jetzt stirbsch ersch ämohl, und dann seh mer weiter!«

Sagt der Arzt nachdenklich zum Patienten: »Tja, Sie haben eine sehr seltene, ansteckende Krankheit. Wir müssen Sie auf die Isolierstation verlegen und dort bekommen Sie nur Kartoffelpuffer und Spiegeleier zu essen.«

Ableben

Fragt der Patient hoffnungsvoll: »Und durch des werd ich wieder gsund?«

»Nein, aber das ist das Einzige, was wir unter der Tür duchschieben können.«

Ein Hohenloher muss seine Schwiegermutter beerdigen. Er bittet den Bestatter, die Verstorbene mit dem Gesicht nach unten zu begraben. Dafür lässt er 200 Euro extra springen. Der Bestatter willigt ein. Nach der Beerdigung will er aber trotzdem den Grund erfahren. Da antwortet der Schwiegersohn: »Die wor scho zwei Mol scheintot, awwer dies Mol gräbt sie in die falsche Richtung.«

Ein alter Hohenloher wird eilig mit dem Krankenwagen abtransportiert. Mit Blaulicht und Sirene geht es über Stock und Stein auf der Landstraße. Der Alte fragt den mitfahrenden Sanitäter: »Wo fohre mir jetzt nou?«

»Zum Friedhof!«, schreit der Sanitäter.

»Awwer i bin doch noch gor net tot!«, sagt der Alte.

Da entgegnet der Sanitäter: »Mir sind ja ah noch net dort!«

Ableben

Eine Witwe, deren Mann gerade erst verstorben ist, geht in ein Bekleidungshaus, um das letzte Hemd für den Verstorbenen zu kaufen. Die Verkäuferin zeigt ihr verschiedene Hemden: »Des Hemed kriche Sie für 29 Euro. Des andere koschtet hald ä weng mehr, is awwer reechd pflegeleicht!«

Der kleine Udo sitzt im Religionsunterricht. Heute geht's um ein heikles Thema und der Lehrer fragt: »Udo, wie würdest du gerne sterben?«

Udo antwortet: »Am beschde wie mäyn Opa, der is einfach eingschlafe und nimmi aufgwacht.«

Der Lehrer fragt weiter: »Und wie würdest du auf keinen Fall sterben wollen?«

Udo wieder: »Net sou wie mei Oma. Weil die wor beim Opa dobei und hat noch des Lenkrad rumreiße wolle!«

Ein Ehepaar hat vier Söhne. Drei davon sind groß, blond und blauäugig. Der vierte und jüngste ist klein, dick und hat schwarze Haare. Als der Mann auf dem Sterbebett liegt, sagt er zu seiner Frau: »Ich will, dass du ganz ehrlich zu mir bisch: Is unser jüngster Sohn wirklich von mir?«

Ableben

Die Frau antwortet: »Natürlich is er von dir, mach dir ko Sorge.«

Nachdem der Mann beerdigt wurde, sagt die Frau: »Gut, dass er net nach denne annere drei gfroocht hat!«

Ein Mann fühlte sich nicht wohl und ging zum Arzt, um sich mal gründlich untersuchen zu lassen. Ungeduldig wartet er auf das Ergebnis, als der Arzt zur Tür reinkommt und ihm eröffnet: »Ich fürchte, ich habe schlechte Neuigkeiten. Sie werden sterben und haben nicht mehr viel Zeit.«

Der Mann reagiert panisch: »Oh Gott, wie schrecklich! Wie viel Zeit habe ich noch?«

»Zehn ...«, sagt der Doktor.

»Was zehn? Jahre, Monate?«

»Neun, acht, sieben ...«

Ein Hohenloher liegt im Krankenhaus. Da kommt ein Mann im Kittel ins Krankenzimmer und fragt den Patienten: »Wie groß sinn Sie eigentlich?«

Der Patient antwortet: »Eins achtzig, Herr Doktor.«

Da sagt der Mann: »Ich bin net der Doktor, ich bin der Schreiner.«

Ableben

Die Polizei nimmt einen Mann mit ins Leichenschauhaus. Er soll seine Frau identifizieren. Die Schublade wird aufgezogen, der Mann greift kurz unter das Tuch und sagt dann: »Ja, Herr Wachtmeister, des is mäy Fraa.«

Der Polizist daraufhin verwundert: »Woher wollen Sie das wissen, Sie haben sich die Leiche doch noch gar nicht richtig angesehen?«

Der Mann: »Doch, des is mäy Fraa, die hat immer kalte Füß?«

Mittags in der Kantine: »Hasch ghört? Unser Chef is gstorbe!«

Fragt der Kollege: »Jaja, awwer wer noch?«

»Wieso, wer noch?«

»Ha, in der Anzeige wor gstande: ›Mit ihm starb einer unserer fähigsten Mitarbeiter.‹«

Sagt der Mann am Tresen zu seinem Kumpel: »Stell dir vor, die Fraa vom Nachbar is an einem Bienestich gstorbe.«

Sagt der Freund: »Naja, dann wor's bestimmt allergisch, gell?!«

»Quatsch, die fett Blunze is an derre Sahne erstickt!«

Ableben

Ein Jäger zeigt seinem besten Kumpel seine Trophäensammlung. Auf einmal sagt der Freund erschrocken: »Do owwe hängt ja der Kopf von däyner Schwiechermutter!«

»Richtich! Gut erkannt«, sagt der Jäger.

»Awwer warum grinst die sou bleed?«, will der Freund wissen.

Da sagt der Jäger: »Ha, sie hat bis zuletscht denkt, sie wird fotografiert!«

Der Patient in der Sprechstunde: »Herr Doktor, ich fühl mi sou elend. Könne Sie mir helfe?«

Der Doktor antwortet: »Naja, ich verschreib Ihnen erst mal ein paar Moorbäder.«

»Und des hilft?«

»Nein, aber Sie gewöhnen sich schon mal an die feuchte Erde.«

Der Landarzt holt seinen Patienten ins Zimmer und sagt: »Ich habe eine gute und eine schlechte Nachricht für Sie.«

Sagt der Patient: »Also dann ersch ämohl die Gute.«

Sagt der Arzt: »Nach Ihnen wird demnächst eine Krankheit benannt.«

Ableben

Der Tierarzt ruft bei Frau Kühn an: »Ihr Mann ist mit dem Hund da und bat mich, ihn einzuschläfern. Ist das in Ordnung?«

Das sagt Frau Kühn: »Ko Problem. Den Hund könne Se dann rausschmeiße, der findet selber homm.«

Der Anwalt liest den Verwandten den letzten Willen eines reichen Verstorbenen vor: »Und an Georg, dem ich versprach, ihn in meinem Testament zu erwähnen, einen herzlichen Gruß: ›Hallo, Schorsch, alter Seckel!‹«

Der Doktor sagt ruhig: »Es tut mir leid, ihre Tante Frieda ist gestorben. Der Tod hat sie im Schlaf überrascht.«

Darauf der Neffe: »Dann waaß sie noch gor nix dofou?«

Zwei Landfrauen unterhalten sich auf einem Ausflug: »Wenn mäyn Mou ämohl stirbt, kassier ich eine mordsmäßige Lebensversicherung!«

Ableben

Sagt die andere: »Naja, aber Geld allein macht ah net glücklich.«

Sagt die erste wieder: »Man muss ja net allein bleibe!«

Fragt der Stationsarzt die junge Krankenschwester: »Haben Sie dem Patienten auf Zimmer zehn Blut abgenommen?«

Antwortet die Schwester eifrig: »Ja, aber mehr als sechs Liter kumme aus dem net raus.«

Zwei Männer laufen sich über den Weg. Fragt der eine: »Warum worsch du net uff der Beerdigung von däym Nachbar?«

Antwortet der andere: »Der geht ja ah net uff mäy Beerdigung!«

Die Oma will gerade mit dem Fahrrad wegfahren, als sie von ihrer Enkelin aufgehalten wird: »Oma, wo fährsch du hin?«

Die Oma antwortet: »Nur zum Friedhof.«

Darauf die Kleine: »Und wer bringt des Fahrrad wieder zrück?«

Ableben

Eine Grabrede:
   Der Zahn der Zeit nagt an deinen Knochen.
   Thomas, du worsch net charmant.
   Hasch dei Fraa oft gschloche und die Kind,
   im Feschtzelt worsch du weltbekannt.

   Im Veräy hasch ä grosse Gosche kott.
   Sigscht, und jetzt bisch a scho hie!
   Den Ausfluch lass mer uns net versaue,
   nach Berlin fohre mir ah ohne di.

Kurz und knackich

Hurtig und zackich

Kurz und knackich

Aus einem Hohenloher Reiseführer: »Wir leben zwar am Arsch der Welt, aber es ist ein schöner Arsch!«

Des Weiteren stand dort geschrieben: »Besuchen Sie Hohenlohe, denn wer will schon dort wohnen!«

Der Hohenloher im Restaurant: »Der Karpfe sieht awwer gor net gut aus.«
　Meint der Kellner: »Der is ja ah hie!«

Fragt der Richter: »Also, Herr Schultes, der Angeklagte hat behauptet, Sie seien ein Kamel. Stimmt das?«
　»Jawohl!«
　»Warum klagen Sie dann?«

Die meischde Unfälle passiere in de Küche. Und mir Männer misses dann esse!

Kurz und knackich

Sagt die Mutter genervt zu ihrem Sohn: »Im Auto vorne hocke derfsch ersch ab zwölf!«
Darauf der Sohn: »Und wie viel Uhr hemmer jetzt?«

Der Totengräber trifft den Arzt auf dem Friedhof und sagt: »Na, Sie sieht mer hier awwer ah net oft!?«
Darauf der Arzt: »Ich mach bloß Inventur!«

»**Hannes?**«, fragt die junge Lehrerin, »weshalb nennen wir unsere Sprache auch Muttersprache?«
»Weil unser Babba eh nix zu sooche hat!«

Heiner liest aus der Zeitung vor: »Do steht, die Zuschauer in denne Fußballstadien nehme ab.«
Fragt sie neugierig: »Wos is des für ä Diät?«

Mit drei Büchern kommt der Hohenloher durchs Leben: Gesangbuch, Telefonbuch und Sparbuch.

Kurz und knackich

Fragt der Kollege: »Wie wor's bei euch im Urlaub?«
Antwort: »Fascht wie im Büro: rumglungert, nix gmacht und uff's Esse gwartet.«

Der Geisterfahrer zum Polizisten: »Was heißt hier falsche Richtung? Sie wisse doch gor net, wo ich nou will!«

Sagt der Arzt: »So, hier Ihr Rezept für die Schlaftabletten. Die reichen für zwei Monate!«
Sagt der Patient: »Sou lang hob ich net schloofe welle!«

Was tat ein Hohenloher Jäger, der aus Versehen eine Kuh geschossen hat? Er steckte ihr einen Hasen ins Maul und sagte, sie habe gewildert!

Dorfdepp Diddi ist beim Augenarzt: »Herr Doktor, ich brauch ä Brille!«

Kurz und knackich

Da fragt der Arzt: »Kurzsichtig oder weitsichtig?«
»Quatsch, durchsichtig!«

Frau Polter zu ihrer Nachbarin: »Mäyn Sohn wird bestimmt ämohl Kellner. Den kann mer rufe und rufe, und er kummt net.«

Fragt der Enkel den Großvater: »Opa, warum hasch du eigentlich net ämohl ä Lebensversicherung?«
Darauf der Großvater: »Damit ihr alli mol reechd traurich seid, wenn ich sterb!«

Fragt der Ober im Restaurant: »Ihr Glas ist leer. Möchten Sie ein Neues?«
Darauf der Gast: »Was soll ich mit zwaa leere Gläser?«

Ein Ferkel kommt an einer Steckdose vorbei und sagt entsetzt: »Hey Kumpel, wer hat di denn äygmauert!«

Kurz und knackich

Sagt der Gefangene zum Direktor: »Wie wird man eigentlich Gefängnisdirektor?«

Antwort: »Ach, ich hob ah als einfacher Gefangener ougfange ...«

Sagt der Psychiater: »Sie sehen so traurig aus, was ist denn los?«

»Ich hob mäy Sorche ertränke welle, awwer mäy Fraa will net in die Tauber.«

Sagt der Sohnemann: »Du, Babba, warum lässt denn unser Hund immer säy Zunge sou raushänge?«

»Ko Ahnung, vielleicht is säyn Kopf zu kurz.«

Ein Mann treibt in der Tauber und brüllt aus Leibeskräften: »Hilfe, ich kou net schwimme!«

Da kommt Dorfdepp Diddi vorbei und ruft: »I ah net, awwer mach ich sou ä Gschraa?!«

Kurz und knackich

Hannes wird von der Polizei angehalten. Der Polizist fragt: »Können Sie sich identifizieren?«
Hannes dreht den Rückspiegel zu sich, schaut hinein und sagt: »Ja, ich bin's!«

Ein Mann in der Apotheke: »Ich brauch ä Mittel geche Bandwürmer!«
Fragt der Apotheker: »Für Erwachsene?«
»Woher soll ich wisse, wie alt der is?«

Bei der Polizeikontrolle: »Was haben Sie im Kofferraum?«
Darauf der Autofahrer: »Bloß ä halbe Sau!«
»Tot oder lebendig?«

Der Leiter der Personalabteilung: »Wir stellen Sie gerne ein und bezahlen nach Leistung.«
Darauf der Bewerber: »Ha, dofou kann i awwer net lebe!«

Kurz und knackich

»**Bedienung, jetzt bestell ich scho** zum dritte Mol mäy Esse bei Ihne!«

Sagt der Kellner: »Des freut mich, dass Ihne bei uns sou gut schmeckt!«

Die Mutter ermahnt den kleinen Gerd: »Du sollsch doch net deinem Bruder in den Bauch kicke!«

Da sagt Gerd: »Des wor aus Versehe, er hat sich umgedreht!«

Ein Hohenloher im Café: »Ich krich einen Kaffee ohne Milch!«

Nach fünf Minuten kommt der Kellner wieder: »Tut mir leid, die Milch ist aus. Kann es auch ein Kaffee ohne Sahne sein?«

»**Unser Sohn hat säy Hirn von mir!**«, sagt der Vater stolz.

»Uff jeden Fall«, erwidert die Ehefrau, »ich hob ja mäyns noch!«

Kurz und knackich

Der kleine Tim schreibt an den Nikolaus: »Lieber Nikolaus, bitte bring mir einen kleinen Bruder!«

Der Nikolaus schreibt zurück: »Lieber Tim, schick mir deine Mutter!«

Gerd schiebt sein Auto zu Thomas in die Werkstatt und sagt: »Er springt mol wieder net ou. An denne Zündkerze kann's awwer dies Mol net lieche, die hob i geschdern ausbaut.«

Heiner begegnet seinen Nachbarn im Wald: »Des is awwer än schöner Hund. Lässt der ah Fremde an sich nou?«

»Ha scho, wen soll er sonscht beiße?«

»Angeklagter, haben Sie bei dem Einbruch nicht an Ihre arme alte Mutter gedacht?«

»Doch, Herr Richter. Awwer für die wor nix Scheens dabei!«

Lachen hält gesund

In Ihrer Buchhandlung

Wulf Wager

Das schwäbische Witzbüchle

186 sauluschtige Witz

Bei diesen Witzen bleibt kein Auge trocken. Wulf Wager hat eine kunterbunte Sammlung der besten und frechsten schwäbischen Witze zusammengestellt.

Illustriert von Björn Locke.
96 Seiten.
ISBN 978-3-8425-1169-9

Helmut Dold

Das badische Witzbüchle

154 viehmäßige Witz

Mit Charme und »Gnitzheit« präsentiert Helmut Dold die originellsten und bissigsten badischen Späße.

Illustriert von Björn Locke.
96 Seiten.
ISBN 978-3-8425-1170-5

Silberburg-Verlag

www.silberburg.de